ÉTUDE

SUR

LES EX-DONO

ET

DÉDICACES AUTOGRAPHES

PAR

ALEXIS MARTIN

AVEC REPRODUCTIONS AUTOGRAPHES D'EX-DONO

DE

VICTOR HUGO, BALZAC, THÉOPHILE GAUTIER
GEORGE SAND, JULES JANIN, JOSEPH AUTRAN, VICTORIEN SARDOU
CHARLES MONSELET

PARIS
J. BAUR, LIBRAIRE
47, RUE DES SAINTS-PÈRES

1877

ÉTUDE

SUR

LES EX-DONO

IL A ÉTÉ TIRÉ DE CET OUVRAGE :

200 exemplaires sur papier vergé.
 21   —   sur papier Wathmann.
  4   —   sur papier de Chine.

Victor Hugo.

> A M. Aglaüs
> Bouvenne
> avec mes plus
> cordial sentiments
> de moi
>
> **CHÂTIMENTS**
>
> Victor Hugo
>
> H. H. juillet 1870

Bibliothèque de M. Aglaus Bouvenne

ÉTUDE

SUR

LES EX-DONO

ET

DÉDICACES AUTOGRAPHES

PAR

ALEXIS MARTIN

AVEC REPRODUCTIONS AUTOGRAPHES D'EX-DONO

DE

VICTOR HUGO, BALZAC, THÉOPHILE GAUTIER
GEORGE SAND, JULES JANIN, JOSEPH AUTRAN, VICTORIEN SARDOU
CHARLES MONSELET

PARIS

J. BAUR, LIBRAIRE
11, RUE DES SAINTS-PÈRES

1877

A côté de la dédicace officielle, imprimée en tête de l'œuvre, qui fut souvent pour les écrivains du temps passé un moyen de tirer quelque profit de leurs travaux, il existe un usage intime et charmant : la dédicace autographe : l'*Ex-dono*.

Offrir un livre à un ami est une joie que tous ceux qui ont fait *gémir les presses* connaissent ; le donner à un indifférent qui n'en fait nul cas est une obligation à laquelle l'écrivain ne peut parfois se soustraire.

Mais, ami ou indifférent manifestent tous deux la même exigence : « Quelques mots et une signature sur la première page. »

L'auteur satisfait à ce désir, non sans soupirer parfois, et le livre emporte sur son faux titre la constatation de la gracieuseté faite ; quelques mois plus tard on retrouvera peut-être l'œuvre offerte chez le bouquiniste, les feuillets vierges de tout contact avec le couteau à papier, ou, ce qui est plus douloureux, séparés en dents de scie par un doigt négligent.... Qu'importe, le demandeur a eu son : *Hommage de l'auteur*.

Témoignage de reconnaissance pour un protecteur,

souvenir d'amitié pour un vieux camarade, hameçon jeté à la vanité d'un critique en échange de quelques lignes d'approbation banale, hommage admiratif pour un maître vénéré, l'*Ex-dono* est tout cela, et néanmoins devient souvent et très-vite une simple curiosité pour un bibliophile.

Les échos de la salle Sylvestre et de l'hôtel Drouot savent à quels prix s'adjugent parfois les livres agrémentés d'une dédicace autographe.

Le succès récent de la vente J. Janin est dû en partie au grand nombre d'exemplaires ornés d'*envois d'auteur* que contenait sa bibliothèque.

On connaît l'histoire d'un homme de lettres, qui, pour donner une robe d'été à sa femme, vend, à la fin de chaque printemps et en bloc, tous les volumes qui lui ont été offerts et dédiés pendant l'année écoulée.

D'autres, plus scrupuleux à leur sens, croient faire preuve de pudeur et dissimuler leur petite ingratitude en biffant grossièrement leur nom sur l'*Ex-dono* ou en déchirant un coin de la feuille sur laquelle il est écrit : — mutilations aussi ridicules qu'inutiles et maladroites et dont le moindre tort — tort impardonnable à mes yeux — est d'*abîmer un livre* (1).

---

(1) Voyez le Catalogue de la vente des 13, 14, 15 et 16 mars 1872 : N° 70 : *Les Fourberies de Nérine*, de Th. de Banville, 1ʳᵉ édition, exemplaire avec envoi autographe, signé de l'auteur, *le nom du destinataire a été rayé*.

Même mutilation sur un exemplaire de l'*Histoire de la Société française pendant le Directoire*, des frères de Goncourt. (Catalogue Detaille, n° 34, 1874.)

Il serait superflu d'ajouter que je pourrais multiplier ces exemples à l'infini.

Je ne veux point, en signalant ces faits, m'élever contre l'usage, fort répandu maintenant, de l'*Ex-dono*, mais seulement constater qu'on le détourne de son but en le prodiguant.

Il faut, selon moi, que l'*Ex-dono* ait, comme toute chose, sa raison d'être. Je n'admets pas que l'éditeur de l'œuvre d'un poëte ait la fatuité d'écrire sur un exemplaire qu'il a fonction de vendre deux francs :

« A Monsieur ***,

Hommage de l'éditeur,

X. »

J'ai cette dédicace autographe sur un volume *très-simplement édité* en 1847 ; si je remplace par *** le nom fort connu du premier possesseur et par X le nom de l'éditeur donataire, c'est que ma critique toute générale se refuse à descendre aux personnalités.

Au temps passé on était fort peu prodigue de la dédicace autographe, et je crois qu'on chercherait vainement trace d'un véritable *Ex-dono* sur les livres qui ont paru avant le dix-septième siècle.

La formule n'était pas inconnue pourtant ; sur le plat d'un volume imprimé par les Estiennes en 1599 et qui passa récemment en vente, on lisait cette légende autour des armes du premier possesseur :

« Ex dono Claudii Tisserand prioris S. Petri Cabiloni, 1622. »

Ceci ne me paraît point être un *Ex-dono* proprement dit, mais simplement une indication de provenance qu'il faudrait traduire ainsi :

« D'envoi de Claude Tisserand, prieur de Saint-Pierre de Châlon-sur-Saône. »

Cette hypothèse est d'autant plus admissible à mon sens que l'ouvrage (un *Pline*) n'est pas du prieur Claude Tisserand.

On ne saurait faire la même observation à propos des *Poëmes* de *Claude Expilly* (Grenoble, 1624), un volume sur la reliure duquel on lit :

« Pour la Reine. »

Ici nous sommes bien certainement en présence d'une gracieuseté de poëte, d'un luxueux envoi d'auteur, d'un *Ex-dono*.

La dédicace *autographe* la plus ancienne que je connaisse est écrite par Malherbe, sur un volume donné à son fils. M. Alphonse Pagès l'a citée dans son remarquable ouvrage intitulé les *Grands Poëtes français*.

« Emit filio suo, Marco Antonio, Franciscus Malherbe. Parisiis, 1619. »

« Delectarem Domino, et dabit tibi certationes cordis tui.

Fr. MALHERBE. »

Delectarem, etc., était, on le sait, la devise du poëte.

En 1637, sur *Didon*, tragédie de Scudéry, nous rencontrons un envoi autographe.

« A Mademoiselle de Paulet. »

Sur le *Cid*, tragi-comédie, Paris, F. Targa, in-4°, 1637 (une des premières éditions de l'œuvre, publiée sans nom d'auteur), sont tracés, de la main du grand Corneille, ces mots pleins aujourd'hui d'un mystérieux et doux parfum :

« A Anne, Un amy. »

Relevons, afin de constater le développement de l'usage et aussi la naissance de la formule : « *Pour monsieur* » que nous rencontrerons fréquemment jusqu'à la fin du dix-huitième siècle, un envoi signé de Du Ryer sur sa tragédie *Alcionée* (1640) :

« Pour mon cher amy monsieur Colletet. »

Un envoi de Balzac à madame la marquise de Montausier sur le *Barbon* (1648) ;

La dédicace écrite sur la garde des *Coups de l'Amour et de la Fortune*, tragi-comédie de Quinault :

« Pour Monsieur de Corneille,

QUINAULT. »

Et enfin celle-ci qui inaugure la série du : « *très-humble serviteur ;* » elle est écrite sur la garde d'une édition in-folio de la *Pucelle* (Paris, Courbé, 1656).

« Pour Son Altesse Sér^me Monseigneur le conte de Soissons, par son très humble et très obéissant serviteur.

CHAPELAIN. »

Ne quittons pas le dix-septième siècle sans rappeler cet *Ex-dono* de Poisson écrit sur une *Phèdre* de Racine (Jean Ribou, 1667, avec figure de Séb. Leclerc), nous rencontrons ici pour la première fois la forme fantaisiste qui deux cents ans plus tard deviendra très-fréquente dans l'*Ex-dono*. Ces vers sont tracés au verso de la figure.

« A Monseigneur le Marquis de Louvois. »

Si donnant Phèdre. On va dire aujourd'huy
Que je donne le bien d'autruy.
Ce on pourrait bien se méprendre,
Il en serait aisément convaincu,
Car Ribou vient de me la vendre ;
Elle me couste un bon écu.

POISSON. »

Au commencement du dix-huitième siècle, je retrouve la formule qui va envahir l'*Ex-dono :* « *Pour M... son très-humble serviteur ;* » la partie anecdotique rompra heureusement la monotonie de ces répétitions forcées.

Sur un exemplaire in-12 de l'*Histoire du Marquis*

de Clèmes et du chevalier de Périanes (1716), on lit au verso du titre :

> « Pour Madame la Duchesse de Brancas, de la part de son très-humble et très-obéissant serviteur.
>
> De Sacy (1). »

Nous retrouvons identiquement la même formule dans l'*Ex-dono* de l'abbé Nadal, écrit sur sa tragédie d'*Antiochus* pour le cardinal de Rohan. La même encore, toujours la même sur une tragédie de Piron : *Callisthène* (1730), offerte à M. Dubrème.

Au revers de la garde d'un livre intitulé : *Institutions de Physique* (Prault, 1740, sans nom d'auteur) sont tracées ces deux lignes :

> « Pour monseigneur le Chancelier,
>   De la part de Madame la marquise du Chastellet. »

Le livre était mis à l'index ; il est assez piquant d'en trouver un exemplaire offert par l'auteur au magistrat chargé de le poursuivre.

Voltaire a fréquemment employé la forme banale du *très-humble serviteur*, mais souvent aussi il n'écrivait pas ses *Ex-dono;* en 1747, quand fut imprimé le *Poëme de Fontenoy*, il envoya son secrétaire à Lille, chez Panckoucke où se faisait le travail typographique, avec une liste des personnages auxquels il voulait adresser un

---

(1) Ce de Sacy est le fils de l'académicien qui occupa le 38ᵉ fauteuil, de 1701 à 1728.

exemplaire de son œuvre ; là, de sa plus belle écriture le secrétaire traça ces mots au verso de la garde :

> « De la part de votre très humble et très obéissant serviteur. VOLTAIRE. »

Au bas était le nom du destinataire. L'exemplaire qui m'a été communiqué par mon obligeant ami M. Poulet-Malassis était adressé au duc de Péquigny (1).

Mais Voltaire n'agissait pas toujours avec un pareil sans-façon.

En 1745, il adressait à l'impératrice de Russie, Elisabeth, un exemplaire de la *Henriade* (in-4°, Londres, 1741), avec ces vers écrits de sa main et signés sur la garde :

> « Sémiramis du Nord,
> Auguste impératrice
> Et digne fille de Ninus,
> Le ciel me destinait à peindre tes vertus,
> Et je dois rendre grâce à sa bonté propice,
> Il permet que je vive en ces temps glorieux
> Qui t'ont vu commencer ta carrière immortelle,
> Au trône de Russie il plaça mon modèle,
> C'est là que j'élève mes yeux.
>
> VOLTAIRE, 20 juin 1745. »

Ce volume a été adjugé au prix de 151 francs, à la vente du marquis de Coislin en 1847 ; il est permis de

---

(1) Le duc de Péquigny, qui paraît vraiment être destiné à fournir des notes, est cité dans la note *t* du poëme ; il paraît qu'à Fontenoy, il commandait les chevau-légers.

penser que l'autographe, plus que le mérite des vers, a tenté l'amateur.

En 1762, l'abbé de Voisenon écrivait, sur un exemplaire de son *Discours de Réception à l'Académie française*, ces deux lignes plus dignes et moins serviles que tout ce que j'ai cité jusqu'ici ; il est vrai que la destinataire était son *amie*, madame Favart :

> « Madame Favart, de la part de son très humble, et très obéissant serviteur et intime ami, l'abbé de Voisenon. »

Cette plaquette in-8°, encore enveloppée de sa couverture du temps, un papier rose capricieusement gaufré d'ornements dorés, appartient maintenant à la collection de M. Ph. Burty.

Voulez-vous un *Ex-dono* dont le laconisme un peu brutal peigne bien une époque et reflète bien un caractère, lisez celui-ci sur les *Essais en vers* (Didot, 1796) :

> « Au citoyen Cailleau.
> ROUGET DE LISLE. »

Nous allons maintenant entrer dans les temps modernes et je vais prouver que l'*Ex-dono*, en se multipliant, en prenant une allure plus indépendante et plus personnelle, a pu souvent, dans sa forme concise, résumer toute la manière d'un écrivain, condenser la quintessence de son esprit, donner une idée exacte de la nature de l'homme. Le style c'est l'homme, a-t-on dit ; jamais cet axiome ne saurait s'appliquer plus exactement qu'à ces phrases toutes primesautières, écrites à la hâte, sur demande, loin du coin aimé où le poëte travaille entouré de tout ce qui rend le « chez soi » cher et précieux. A tous ces titres, on le comprend, l'*Ex-dono* devient d'un puissant intérêt pour l'histoire littéraire.

Avant de s'engager dans le vaste champ des citations, il peut être curieux de suivre dans sa forme, dans son attitude, dans la place qu'il se choisit, l'*Ex-dono* qui, malgré les rares exemples du passé, reste chose toute moderne.

Nous le voyons d'abord, sous le premier empire et sous la Restauration, s'inscrire timide et minuscule sur la couverture du livre, couverture en ce temps-là vouée à une prompte destruction, — l'usage n'étant pas encore de relier sur brochure ; — ainsi placé, il est la plupart du temps signé seulement d'initiales et conserve, à de rares exceptions près, cette contexture banale : « *Hommage de l'auteur.* »

Sur un exemplaire de l'*Ode sur la naissance du duc de Bordeaux* (in-8°, Pélicier et Ponthieu, 1820), par Victor-Marie Hugo, je relève cette ligne écrite au verso du faux titre, et signée de trois initiales entourées d'un paraphe qu'on retrouve rarement plus tard dans les signatures du poëte.

« A mon bon et cher oncle, le colonel Louis Hugo.

V.-M. H. »

En 1822, Victor Hugo offrait à Raynouard un exemplaire des *Odes et poésies diverses* (in-18, Pélicier), et ne signait pas son *Ex-dono* ; même réserve sur un *Bug-Jargal* donné en 1826 à Jules Lefèvre ; — celui-là qui, guéri du romantisme « par un mariage riche et un aimable intérieur, s'aperçut, dit l'auteur de *Victor Hugo, raconté par un témoin de sa vie*, qu'il était un brave homme. »

Le temps a marché, l'usage de la dédicace autographe s'est répandu, et voici, en 1828, Emile Deschamps dédiant à Alfred de Vigny ses *Etudes françaises et étrangères* par cette ligne pleine d'admirative affection :

« A mon cher et grand Alfred.

ÉMILE. »

En cette même année, Casimir Delavigne écrivait, sur un exemplaire de la *Princesse Aurélie*, cette phrase dont il serait curieux de connaître l'inspirateur, mais qui semble singulièrement placée sur le faux titre d'une comédie :

« Au flambeau des électeurs de tous les temps,

Un électeur de 1828. »

A côté de cet énigmatique envoi qui, on le remarquera, est bien dans la manière de l'auteur de l'*École des Vieillards*, plaçons celui-ci qui n'est pas moins, vu sa forme ferme et concise, dans la manière du poëte des *Iambes*.

Il est écrit sur un exemplaire de l'édition originale (Urbain Canel, 1832) :

« A monsieur Valette,

Hommage et respect.

AUGUSTE BARBIER. »

Revenons à Victor Hugo : on ne sera pas surpris de voir rayonner sur cette étude un nom qui a rempli tout un siècle de sa splendeur.

En 1844, un exemplaire de *Ruy Blas* est offert avec cette dédicace au grand comédien qui a créé le principal rôle de l'œuvre :

« A Frédérick, si bien nommé, le Maître.

VICTOR HUGO. »

En 1845, sur sa *Réponse au discours de Sainte-Beuve à l'Académie*, le poëte écrivait ce simple mot et le signait :

« Hommage.

VICTOR HUGO. »

M. Aglaüs Bouvenne, l'auteur du seul livre que nous possédions sur les *Monogrammes historiques*, l'artiste qui a dessiné et gravé l'*ex-libris* du maître : une Notre-Dame de Paris traversée par l'éclat lumineux d'un coup de foudre, possède dans sa collection un exemplaire des *Châtiments*, superbement habillé de maroquin brun, le faux titre est couvert de la magistrale écriture du poëte :

> « A monsieur Aglaüs Bouvenne, avec mon plus cordial serrement de main.
> VICTOR HUGO.
> H. H. Juillet 1870. »

Sur un exemplaire de *Napoléon le Petit* (in-16, 1853, imprimé en France à vingt-deux exemplaires seulement), appartenant à M. Ph. Burty, on trouve, en guise d'*Exdono*, ces trois vers de la pièce III du livre V des *Châtiments;* on remarquera qu'ils contiennent une légère variante :

> « Sur cette pourpre il faut qu'on mette
> Non les abeilles de l'Hymète,
> Mais l'essaim noir de Montfaucon!
> VICTOR HUGO. »

Jules Janin avait reçu, pour ses étrennes de 1860, *La Légende des Siècles* (Paris, Lévy, 1859), avec cette dédicace :

> « A celui qui, comme poëte et comme ami, est inépuisable.
> « A la plume vaillante et ailée.
> « Au noble cœur qui comprend et qui célèbre la victoire des vaincus.
> « A l'homme qui, depuis trente ans, est un des éblouissements de Paris.
> « A Jules Janin!
> VICTOR HUGO.
> H. H., 1ᵉʳ janvier 1860. »

À la vente J. Janin, ce livre a été adjugé au prix de 635 francs.

Citons encore cet *Ex-dono* d'une grandeur et d'une simplicité charmantes; il est écrit sur un exemplaire des *Châtiments;* édition analogue à celle de *Napoléon le Petit*, dont nous parlons plus haut :

« Exilium vita est. »

« A M. Ph. Burty, son ami,

VICTOR HUGO. »

Et celui-ci sur les *Chansons des Rues et des Bois :*

« A Ch. Baudelaire.

« Jungamus dextras. »

V. H. »

On connaît de Théophile Gautier cette ravissante phrase, écrite sur un *Albertus* offert à une amie :

« Aimez-moi comme je vous aime. »

Et celle-ci, souvenir de la société Baudelaire, sur un exemplairee du *Voyage en Russie*, offert à Sainte-Beuve :

« A l'oncle Beuve, son dévoué neveu.

TH. GAUTIER. »

Voici un *Ex-dono* que j'ai trouvé sur la traduction d'Horace de Jules Janin, appartenant à M. Francis

Petit, l'expert érudit que tout le Paris artistique connaît; tracé au crayon sur le faux titre, il affecte de conserver la forme surannée du dix-huitième siècle :

> « Pour M. Francis Petit, le grand juge des vivants et des morts.
>
> Son tout dévoué.   JULES JANIN. »

Comme pendant, citons cet *Ex-dono* de Charles Blanc sur une *Grammaire des arts du dessin* (Paris, 1867) :

> « A Paul de Saint-Victor, maître en l'art d'écrire et d'écrire sur l'art.   CHARLES BLANC. »

Je ne suis pas encore assez loin de J. Janin pour ne point raconter une histoire d'*Ex-dono* dont il est le héros.

Un célèbre relieur appelé par Janin qui voulait lui confier quelques travaux, eut l'attention délicate de choisir, pour échantillon de son savoir-faire, un exemplaire de cette même traduction d'Horace.

Le volume relié sur brochure était habillé de maroquin plein, non rogné, doré en tête, orné d'encadrements sur des plats, de dentelles aux bords intérieurs, de nervures, de petits fers, etc., etc., tout ce que le bon goût autorise, tout ce que le luxe peut se permettre.

Janin fut flatté de voir son œuvre si richement enveloppée et, sans s'informer du nom du propriétaire de ce beau livre, il écrivit sur le faux titre :

> « Ami inconnu, je te salue.   J. J. »

C'est encore Janin qui mettait sur : *Petits Romans d'hier et d'aujourd'hui* (in-12; Paris, 1870), ces deux vers mystérieusement intimes :

> « Maxime, entre nous deux, le pari suspendu,
> Quel bonheur, cher ami, c'est moi qui l'ai perdu !
> Janvier 1870. J. JANIN. »

Puis sur *la Poésie et l'Éloquence à Rome au temps des Césars* (Paris, 1864).

> « A mon maître, à mon ami, M. Sainte-Beuve.
> J. JANIN. »

Et sur une autre traduction d'*Horace* offerte à Édouard Fournier :

> « Grand chercheur, habile inventeur,
> As-tu découvert mieux qu'Horace ?
> Fais-m'en part — et soudain je passe
> De mon poëte à ton auteur.
>
> JULES JANIN. »

Si Janin savait offrir gracieusement ses livres, il en recevait qui lui étaient présentés d'une façon ravissante, témoin cet envoi de Frédéric Mistral sur *Mireio, pouemo provencau* (Avignon, 1859) :

> « A Jules Janin, un poutoun de Mireio.
> FR. MISTRAL. »

« Un baiser » de l'héroïne de son poëme ! Que pouvait offrir de mieux à Janin le poëte provençal ?

Jules Janin.

Pour Mr Francis Petit

exemplaire unique des avant la

lettre. Tout à vous

J. Janin

LES

ŒUVRES D'HORACE

Bibliothèque de Mr Francis Petit.

Jasmin, le poëte gascon, trouvait de moins heureuses inspirations pour ses *Ex-dono;* sur un exemplaire de ses *Papillotes* (*Las Papillottos*), il écrivait :

> « Hommage de reconnaissance de l'auteur à M. de Barante, de l'Académie française.
>
> Jasmin. »

Mais revenons à J. Janin.

Nous lisons sur l'*Histoire d'Apelles* (Paris, 1847) :

> « A mon cher maître, J. Janin, Athénien de Tibur.
>
> Henry Houssaye. »

Puis, sur la *Comédie enfantine*, de Louis Ratisbonne :

> « A M. et Mme J. Janin.
>
> Il était une fois un ménage modèle,
> Ils étaient l'un pour l'autre enfants autant qu'époux;
> Adèle enfant de Jule et Jule enfant d'Adèle;
> Et moi j'ai mis ces vers d'enfant à leurs genoux.
>
> L. R. »

Il existe de Janin un ouvrage qui n'a pas été mis dans le commerce : *Ovide ou le Poëte en exil.* (Grand in-12. Paris, 1858.) Un exemplaire, qui passa en vente en 1872, portait cette dédicace autographe toute pleine de la bonhomie malicieuse de celui qui l'a écrite :

> « Offert à mon ami d'Ortigue, si bon camarade, si brave homme..... un peu bonapartiste, hélas !
>
> Passy, juillet 1858. J. Janin. »

Après ces *Ex-dono* qui prouvent ce que Janin savait faire et ce qu'il pouvait inspirer, citons comme opposition cette dédicace prétentieusement obséquieuse d'une autre célébrité du journalisme.

Elle est tracée sur un exemplaire des *Odeurs de Paris*, édition originale (Palmé, 1867).

> « Je prie Monsieur Dessolliers d'accepter cet exemplaire des *Odeurs de Paris* et d'excuser les fautes de l'auteur.
>
> Louis Veuillot. »

Combien est plus jolie cette ligne de Théophile Gautier, sur un exemplaire d'*Albertus* (Paris, 1862) :

> « A. Ch. Asselineau, un des derniers délicats.
>
> Théophile Gautier. »

Ou encore celle-ci toute resplendissante de la joie du poëte bien édité : écrite sur *Émaux et Camées* (Poulet-Malassis et de Broise, in-12, 1858).

> « Je suis satisfait de cet exemplaire et je le signe pour en augmenter l'éclat.
>
> Théophile Gautier (1). »

Puisque le nom d'Asselineau est venu sous ma plume, je citerai de lui cet *Ex-dono* écrit sur *le Neveu de Ra-*

---

(1) Ce petit volume, imprimé sur papier vergé, orné d'un frontispice gravé par Thérond, relié par Capé, en maroquin rouge, s'est vendu 150 francs lors de la dispersion de la bibliothèque d'Asselineau (décembre 1874).

Théophile Gautier.

à l'oncle Bawr
son dévoué neveu
Théophile Gautier

VOYAGE

EN RUSSIE

Bibliothèque de Mʳ Maurice Tourneux

meau (Paris, Poulet-Malassis, 1862), un volume rencontré en bouquinant sur les quais en compagnie du possesseur :

« Témoignage d'amitié à Aglaüs Bouvenne.
Ch. Asselineau.
15 mai 1871. »

« In bouquinando quai Malaquais, Delescluze et Raoul Rigault Coss^{bus}. »

La collection d'Asselineau était riche en volumes dédiés ; voici encore une ligne amicale de Th. Gautier, elle est écrite sur un *Albertus* (Paris, Paulin, 1833) :

« A Charles Asselineau, au dernier des romantiques, l'un des plus anciens et premiers romantiques.
Théophile Gautier.
Ce 1er juillet 1869. »

Sur une traduction des tragédies de Shakespeare *Macbeth* et *Roméo et Juliette* (Paris, Comptoir des imprimeurs, 1844), d'Emile Deschamps, est écrit ce quatrain :

« A Charles Asselineau, si digne
De son talent par sa bonté,
Ce livre un jour fut présenté
Par son confrère-ami qui signe :
Émile Deschamps. »

En 1841, le même Emile Deschamps dédiait à E. Turquety son recueil de *Poésies* édité par Dilloye avec cette ligne autographe dont le quatrain précédent semble être la paraphrase :

« Au poëte qu'on aime et qu'on admire.

ÉMILE DESCHAMPS. »

Sur un *Macbeth*, drame en cinq actes, en vers, représenté en 1848, et offert à mademoiselle Rachel, Émile Deschamps écrivait encore :

« Depuis trois ans, ô vous ! l'idéal du poëte !
Je n'osais pour mon œuvre ayant l'âme inquiète,
Déposer en vos mains ce Shakespeare français,
Aujourd'hui que Macbeth, même à travers mon voile,
Dans le ciel de votre art fait passer son étoile ;
Souffrez que j'ose mettre à vos pieds... un succès.

ÉMILE DESCHAMPS. »

Comme parallèle aux vers de Deschamps, voici ceux d'un autre poëte, tracés sur un volume intitulé *les Deux Saisons* :

« Pour mes rhythmes, ami, ne soyez pas sévère ;
Jugez le goût du vin, non la forme du verre ;
Vous tenez en vos mains et ma chair et mon sang ;
C'est de moi tout entier que je vous fais présent.

PHILOXÈNE BOYER. »

Il serait regrettable, tandis que nous citons des vers, de ne point rappeler ceux-ci de Théodore de Banville, écrits sur la garde des *Stalactites* (Paris, 1846) :

à monsieur Sainte-Beuve

au critique souriant

Charles Monselet

LES GALANTERIES
DU
XVIIIᵉ SIÈCLE.

P.S. Que vous vous êtes montré impitoyable pour Rétif de la Bretonne, à propos de Chénier ! Et pourtant, les 2 premiers volumes de <u>monsieur Nicolas</u> !....

« Que les temps sont changés, mon cher Asselineau,
Pour moi l'enfant Amour allumait son fourneau,
Lorsqu'en des lieux charmants, remplis de clématites,
Je rêvais ce recueil nommé *les Stalactites*,
Tout jeune encore, ainsi que Damète ou Tircis.
Hélas! c'était en mil huit cent quarante-six,
Époque où j'étais cher à la grâce indécente,
Et j'écris ces dix vers en mil huit cent soixante,
N'ayant presque plus d'or et d'argent sur le front,
Vieux lyrique fourbu, dont les jeunes riront.

TH. DE BANVILLE. »

La glane est abondante dans les livres offerts à Ch. Monselet, je vais citer quelques dédicaces curieuses que le catalogue de sa vente a reproduites.

Sur un volume des *Athéniennes* (Paris, Lemerre, sans date), sont tracées ces lignes toutes pleines de l'esprit et de la manière de l'auteur de *la Bougie Rose* :

« A Charles Monselet. Je recommande cet enfant maudit dès son berceau, le père, CHARLES JOLIET. »

Ne croirait-on pas entendre parler Philoxène Boyer, voir ses mains se tordre et son visage se convulsionner, quand on lit cette longue dédicace écrite sur un exemplaire des *Deux Saisons* (Lemerre, 1867)?

« Au joyeux Monselet, ce volume qui ne rit guères, mais qui aura soin de ne s'ouvrir pour lui qu'à ses pages les moins moroses, là où je puis être lu pendant quelques minutes, par le plus franc des critiques, par le plus affectueux des amis.

PHILOXÈNE BOYER.

1er juillet 1867. »

Combien je préfère cette simple ligne de Pierre Dupont sur un volume intitulé *Muse juvénile* (Garnier, 1859) :

> « A Charles Monselet, vieil et nouveau souvenir.
> PIERRE DUPONT. »

Où celle-ci : — sur un *Assassin* de Jules Claretie :

> « A Charles Monselet, ce roman qui est aussi un *portrait après décès*.
> De cœur.
> JULES CLARETIE. »

Après ces envois à Monselet, copions ces lignes de lui sur la première page d'un volume intitulé : *Les Galanteries du dix-huitième siècle* (Paris, Lévy, 1862) :

> « A Monsieur Sainte-Beuve, au critique souriant.
> CHARLES MONSELET. »

Puis, plus bas, au-dessous du faux titre :

> « *P. S.* Que vous vous êtes montré impitoyable pour Rétif de la Bretonne à propos de Chénier ! Et pourtant les deux premiers volumes de *Monsieur Nicolas !...*

Citons maintenant, un peu au hasard, quelques dédicaces curieuses par les noms des donateurs, ceux des destinataires ou simplement même par leur rédaction.

Voici un *Ex-dono* d'Alexandre Dumas père, qui dans

LES RESSOURCES DE QUINOLA.

À mon cher Dumas fils

il faut, certes, beaucoup de l'audace intrépide
pour oser, à foi Maitre, envoyer ce fragment ;
J'en aurais le droit seulement
si j'étais moi-même Euripide.

J. Autran

Bibliothèque de Mr Alexandre Dumas.

quelque deux cents ans d'ici aura la même saveur que le mot de Corneille précédemment cité : il est écrit sur *les Aventures de John Davys* (Paris, 1840) :

> « A ma bonne voisine Julienne.
>
> ALEX. DUMAS. »

Balzac, qui a dédié tous ses livres, a été peu prodigue d'*Ex-dono*, néanmoins je relève celui-ci sur un exemplaire des *Ressources de Quinola* (Paris, Souverain, 1842) :

> « A ma chère mère, son fils qui l'aime.
>
> HON : B. »

On sait, par la Correspondance de Balzac, que, lors de l'apparition de ses livres, une de ses premières préoccupations était d'en faire parvenir un exemplaire à sa mère.

Le marquis de Custine, auteur d'une *Béatrix Cenci*, tragédie représentée en 1833 à la Porte Saint-Martin, a possédé le *Livre Mystique*, curieuse édition de Werdet datée du 15 janvier 1836, avec cette dédicace :

> « A Monsieur le Mis de Custine, en témoignage de l'amitié de l'auteur.
>
> DE BALZAC. »

J'ignore à quel astronome ou à quel habitant d'un sixième étage étaient adressés ces vers d'Alfred de Musset, sur un *Spectacle dans un fauteuil* (Renduel, 1832) :

« En souvenir d'un beau coup d'œil
Dont j'ai joui dimanche à votre observatoire,
Mon cher hôte, acceptez l'offre dédicatoire
Du *Spectacle dans un fauteuil* (1). »

Sur un exemplaire de *la Ciguë* (Paris, 1844) on lit :

« A monseigneur le duc de Montpensier,
Hommage de dévouement.

ÉMILE AUGIER. »

Un volume de Gérard de Nerval : *Petits châteaux de Bohême* (Paris, Didier, 1853), est offert avec cette dédicace :

« A Philarète Chasles,
Le poëte de *la Fiancée de Bénarès*.

GÉRARD DE NERVAL. »

Sur la *Loterie du Mariage*, comédie en deux actes en vers (Paris, 1868), Jules Barbier écrit :

« A mon cousin Aug. Barbier : *Proximus huic, sed longo proximus intervallo*.

JULES BARBIER. »

Le beau Léandre, comédie en un acte en vers, est

---

(1) Cet *Ex-dono* est cité par M. Poulet-Malassis, dans l'*Appendice à la seconde édition de la Bibliographie romantique* de Charles Asselineau (Paris, Rouquette, 1874).

offert à mademoiselle Léontine Bertin avec ces lignes tracées sur la première page :

> « A Mademoiselle Léontine Bertin, que le grand Watteau eût choisie, d'une beauté si délicate et si pure, pour le modèle de Colombine, notre adorée.
>
> THÉODORE DE BANVILLE. »

Ces lignes écrites sur une comédie m'amènent à transcrire cet *Ex-dono* tout plein de la joie de l'auteur et de sa reconnaissance pour l'interprète au lendemain de son succès ; il est écrit sur un exemplaire du *Perroquet gris* :

> « A Mademoiselle Defodon, la jolie et sympathique Honorine.
>
> Remerciements de l'auteur.
>
> ADRIEN LELIOUX. »

Hélas ! la jolie et sympathique Honorine a fait peu de cas du don du poëte ; j'ai acheté le livre, non coupé encore, chez un étalagiste de la rue Soufflot.

Plein d'amicale simplicité est cet *Ex-dono* d'Alexandre Dumas fils sur *l'Ami des femmes*, offert à Théophile Gautier :

> « A mon cher Théo, son vieil ami.
>
> ALEX. DUMAS. »

Sainte-Beuve inspirait souvent de pompeuses dédicaces; en voici d'abord une de madame Desbordes Valmore sur *Bouquets et Prières* (Paris, Dumont, 1843):

> « Au cœur du poëte,
> Un cœur de femme.
> MARCELINE VALMORE. »

Puis, un de George Sand sur *Monsieur Sylvestre* (Lévy, 1866):

> « A mon ami Sainte-Beuve, chère et précieuse lumière dans ma vie.
> GEORGE SAND. »

Sur un exemplaire de *Daniel* (1859):

> « A Sainte-Beuve,
> A vous, mon cher maître, qui avez bien voulu assister à la naissance de cet enfant de mon esprit.— Avec les plus chaleureuses expressions de reconnaissance de votre obligé.   E. FEYDEAU. »

Peu de jours avant sa mort Sainte-Beuve recevait un exemplaire de la *Comtesse de Chalis* avec ces mots:

> « Mon cher Sainte-Beuve, je ne croirai pas avoir perdu mon temps, si la lecture de ce livre peut vous faire oublier vos souffrances.   ERNEST FEYDEAU. »

Les hommes supérieurs laissent après eux un héritage précieux entre tous, celui des affections qu'ils ont ressenties; les hommes qu'ils ont aimés deviennent promptement chers à ceux qui les regrettent.

On trouve la trace de ce sentiment dans cet *Ex-dono* de G. Flaubert, adressé à M. Jules Troubat, un ami de Sainte-Beuve, peu de temps après la mort de celui-ci. Il est écrit sur un volume de l'édition originale de l'*Éducation sentimentale* (Paris, Lévy, 1870) :

> « A mon ami Troubat, pour lui et en souvenir de l'*autre*.
>
> G. FLAUBERT (1). »

Le même sentiment inspire ces mots écrits sur les *Œuvres* de Jules Lacroix, théâtre (Lévy, 1874) :

> « A monsieur Jules Troubat, l'ami dévoué de notre cher et illustre Sainte-Beuve.
>
> JULES LACROIX. »

Dans cette même note mélancolique, relevons encore cette ligne touchante écrite par J. Sandeau sur un exemplaire de *Catherine* offert à J. Janin :

> « Donné à mon ami J. Janin, au chevet de Chaudesaignes, mort. »

Chaudesaignes est l'auteur oublié d'un volume de vers intitulé *le Bord de la Coupe;* il mourut en 1846, jeune et pauvre; la sollicitude de Janin adoucit ses derniers moments.

Ici viendront parfaitement quelques mots écrits par

---

(1) Sainte-Beuve est mort le 13 octobre 1869. Ce livre, bien que daté de 1870, a paru dans les derniers mois de 1869.

Ed. de Goncourt, sur un *Gavarni*, offert à Arsène et à Henry Houssaye :

« Aux deux Houssaye, ce qui reste des deux de Goncourt.

ED. DE GONCOURT. »

Sur *les Exilés* (Paris, Lemerre, 1867), offerts à Sainte-Beuve, Th. de Banville écrivait :

« Au grand et glorieux poëte de *Joseph Delorme*, des *Consolations*, des *Pensées d'Août*,
Son très-humble et très-fidèle admirateur,

TH. DE BANVILLE. »

Je me permets de préférer cet *Ex-dono*, inspiré par une moins imposante personnalité, il reste plus près du sentiment humain : il est tracé sur un exemplaire des *Camées parisiens* :

« A Ch. Asselineau, son vieux, ancien et fidèle ami.

TH. DE BANVILLE. »

Ou celui-ci encore qui remonte à la belle période romantique et que je retrouve sur un *Yseult Raimbaud*, drame en quatre actes en vers (1830) :

« A mon frère d'Art et de Cœur, Alex. Dumas,
Souvenir du jour de l'an.

P. FOUCHER. »

Nous avons transcrit ci-dessus plusieurs lignes adressées à Sainte-Beuve, rappelons celles-ci écrites par lui en 1869 sur *Joseph Delorme* (édition belge) :

> « Amico de Chantelauze. Hæc Juvenilia Senex, nec tamen pœnitens.
> SAINTE-BEUVE. »

Et cet *Ex-dono* écrit pour Champfleury sur un exemplaire de *Volupté* qui, mis à la poste, ne parvint pas au destinataire :

> « A l'auteur des *Chats*,
> L'auteur de *Volupté*.
> SAINTE-BEUVE. »

On a déjà pu remarquer, par les citations qui précèdent, le caractère des *Ex-dono* d'Ernest Feydeau; en voici un adressé à l'auteur du *Demi-Monde*, qui ne le cède en rien à ceux que nous avons cités.

Il est écrit sur une luxueuse édition de *Fanny*, tirée à cent exemplaires numérotés à la presse. (Paris, Amyot, 1858.)

L'exemplaire appartenant à M. Alexandre Dumas porte le n° 2.

> « A toi, mon cher Dumas, cet exemplaire de choix de ma première Étude que tu as si bien comprise et si bien défendue. Je le voudrais splendide pour te mieux témoigner ma gratitude ! Accepte-le tel qu'il est, comme un hommage que je suis heureux de rendre à ton talent et comme un souvenir de ton bon camarade.
> ERNEST FEYDEAU. »

Il existait depuis longtemps entre George Sand et M. Alexandre Dumas fils une douce habitude intime dont je livre avec joie la révélation aux futurs biographes.

George Sand appelait M. Alexandre Dumas : son fils ; celui-ci appelait George Sand : maman. Aussi trouvons-nous ces mots sur un exemplaire du *Marquis de Villemer* (Paris, Lévy, 1864) :

« A mon cher fils

Alexandre Dumas f.

Sa maman

GEORGE SAND. »

Ne quittons pas la collection précieuse de M. Alexandre Dumas, sans glaner encore ce quatrain de Joseph Autran. Il est tracé sur le *Cyclope d'après Euripide.* (Paris, Lévy, 1863.)

« A mon cher Dumas fils.

Il faut, certes, beaucoup de candeur intrépide
Pour oser à toi, Maître, envoyer ce fragment ;
J'en aurais le droit seulement
Si j'étais moi-même Euripide.

J. AUTRAN. »

Sur un exemplaire du *Lion Amoureux* (Paris, 1869), je copie cette ligne qui n'est que la constatation d'une affection :

« A mon cher ami A. Dumas fils.

F. PONSARD. »

*À mon cher fils
Alexandre Dumas f.
sa maman
G Sand*

LE MARQUIS
DE VILLEMER

COMÉDIE

Représentée pour la première fois, à Paris, sur le théâtre impérial
de l'Odéon, le 29 février 1864.

J'ai trouvé de Ponsard deux *Ex-dono* plus intéressants dans la collection de Rachel ; le premier, sur *l'Honneur et l'Argent.* (Paris, 1853.)

> « Je mets à vos pieds, avec reconnaissance, une pièce qui a eu la gloire d'être applaudie par vous.
>
> F. PONSARD. »

Le second, sur *la Bourse.* (1856.)

> « A ma chère et bien-aimée Rachel, tendre et puissante, vieille et sincère amitié.
>
> F. PONSARD. »

Citons encore ces lignes écrites sur un exemplaire de *la Perle noire suivie du Rosier de Schubert :*

> « Lisez la prose, mon cher Roques, et puisse-t-elle vous distraire un moment, mais ne lisez pas mes vers après les vôtres.
>
> Votre ami, VICTORIEN SARDOU. »

L'*Ex-dono*, presque toujours improvisé et souvent adressé à de fort intimes amis, affecte parfois une forme facétieuse ; ces plaisanteries sont encore une des faces curieuses de la dédicace autographe, ainsi que vont le prouver les citations qui suivent :

Un poëte disparu, Albert Glatigny, s'est souvent laissé glisser sur la pente gaie.

Sur un exemplaire des *Vignes folles* il écrivait :

> « A mon brave Launay. Vive la gloire, mille escadrons !

Sur un autre offert à Olivier Métra ce calembour rimé :

> « Ce livre qu'une mère aux enfants permettra
> Rarement, je te l'offre, homme sans pair, Métra ! »

Sur un troisième, et ici on pourrait le croire animé d'un souffle prophétique, il écrivait :

> « A M. Vermorel.
>
> Puisse la lecture réitérée de ce bouquin lui faire abandonner la voie funeste dans laquelle il s'engage.
>
> ALBERT GLATIGNY. »

Puisque nous en sommes aux gaietés, copions sur un exemplaire de *la Vieille maîtresse* cet *Ex-dono* travaillé de M. Barbey d'Aurevilly :

> « Tu bus cette absinthe avec cœur,
> Rebois de cette essence amère ;
> C'est toujours la même liqueur,
> Mais ce n'est plus le même verre. »

Le livre était offert à Ch. Coligny, qui répondit — plus clairement, il faut le reconnaître :

> « Ta muse m'enivre et m'altère,
> C'est Circé, Locuste, Hermosa ;
> Tu peins en Salvator Rosa,
> Mais tu rimes comme Voltaire ! »

Rappelons, puisque nous tenons les poëtes, ce qua-

Victorien Sardou.

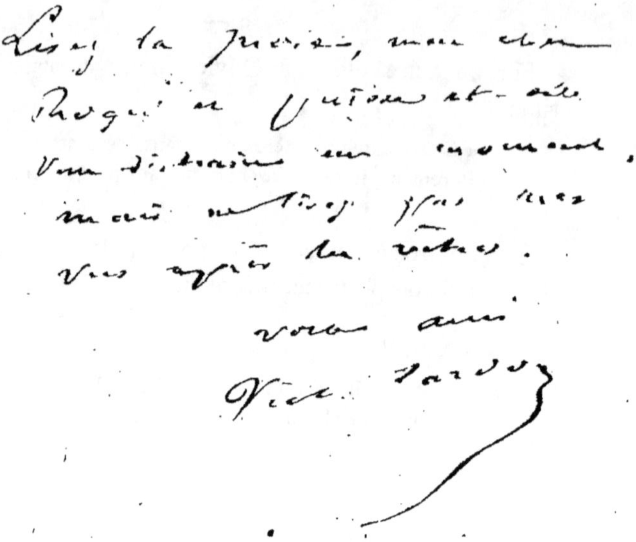
votre ami
Vict. Sardou

LA

PERLE NOIRE

Bibliothèque de Mr. Alfred Lebrun

train de l'auteur applaudi de *la Belle Saïnara :* il est
tracé sur un exemplaire des *Baisers :*

> « Suivant l'antique et charmant *us*,
> J'offre ce produit de ma veine
> Au lettré qu'on nomme Aglaüs
> Et même quelquefois Bouvenne !
>
> ERNEST D'HERVILLY. »

Alfred Busquet, l'auteur du *Poëme des Heures* (Paris,
1855), dédiait ainsi son livre à Monselet :

> « A Ch. Monselet
>
> . . . . . dont la laitance
> Avec effort perce la panse.
>
> SON AMI. »

Gustave Flaubert offrait à son ami Emile Bergerat *le
Candidat* avec cette dédicace :

> « A Émile Bergerat qui, comme moi, s'est fourré le doigt
> dans l'œil, en croyant que *le Candidat* serait un succès.
>
> GUSTAVE FLAUBERT. »

Pour terminer cette série gaie, ouvrons encore une
fois la bibliothèque de M. Alexandre Dumas, tirons à
nous cet in-18 à dos rouge, ouvrons-le. Nous tenons le
n° 12 d'une édition sur papier de Hollande, ornée d'une
eau-forte d'Edmond Morin, tirée à vingt-cinq exemplaires
numérotés à la presse, c'est *le Réveillon* de Meilhac et

Halévy. Sur la page blanche qui précède la justification du tirage, nous lisons :

« A Al. Dumas fils.

>Entre Dumas et Chamillard
>La différence quelle est-elle ?
>L'un était le Dieu du billard
>L'autre est le Dieu du Boulevard
>Bonne-Nouvelle.

H. Meilhac, Ludovic Halevy. »

Et plus bas :

« Ses émules et ses maîtres. . . .
. . . .
au billard.

H. M. L. y. »

En regard, au verso de la garde, un dessin représentant un coup de billard qui doit être fort compliqué, avec cette légende au-dessous :

« Frappez la bille à gauche, la rouge un quart à droite... et vous aurez la série.

H. M. L. y. »

Quelquefois, et ceci est le comble du luxe, l'*Ex-dono* est imprimé sur un bel exemplaire, tiré sur papier de couleur et la plupart du temps unique.

M. Armand Bertin possédait ainsi le *Deburau, Histoire du théâtre à quatre sous*, de Jules Janin ; le volume imprimé sur vélin est de l'édition in-12, 1832. On lit sur le faux titre :

> « Exemplaire unique sur peau de vélin, destiné à la bibliothèque de M. Armand Bertin. »

Deburau avait, lui aussi, un exemplaire unique, il était imprimé sur papier jonquille et portait sur son faux titre cette inscription :

> « Deburau, exemplaire unique. »

Monselet avait les *Odes Funambulesques* ; sur la page qui précédait le faux titre on lisait ces mots imprimés en rouge et noir :

> « Cet exemplaire a été imprimé pour M. Charles Monselet. »

Théophile Gautier et Janin ont eu l'un sur papier bleu, l'autre sur papier rose, un exemplaire unique des œuvres de madame Emile de Girardin (Paris, Plon, 1860-61) avec envoi imprimé.

Sur un exemplaire du *Raphaël* de Lamartine (Perrotin, 1849), on lit au verso du faux titre :

> « Exemplaire de J. Janin. »

Madame J. Janin avait un exemplaire de *Le Livre*, par J. Janin (Plon, 1870), tiré sur grand papier de Hollande et portant sur un feuillet blanc cette inscription typographique :

> « Imprimé pour Mme J. Janin. »

Les princes, moins généreux que les poëtes, se contentent en guise d'*Ex-dono* de faire appliquer sur le faux titre une griffe d'envoi :

« De la part de l'auteur. »

J'ai trouvé ceci sur deux brochures du duc d'Aumale *Les Zouaves et les chasseurs à pied* (Paris, 1855), et *Aléẓia, Etude sur la septième campagne de César en Gaule* (Paris, 1859). Ces deux brochures appartenaient à Ch. Asselineau. Lors de la vente elles ont été adjugées ensemble au prix de 1 franc 50 c.

Arrêtons ici cette étude qui n'a pas la prétention d'être un travail complet, c'est tout simplement un premier coup de pioche dans un filon inexploré; d'autres viendront après moi, peut-être, qui pousseront plus loin les investigations, et sans pouvoir jamais réunir tout ce qui s'est fait d'*Ex-dono*, je ne doute pas que, le travail et la patience aidant, on ne puisse un jour en composer un recueil qui deviendrait en quelque sorte la menue monnaie de l'esprit français, le complément de toutes les œuvres complètes.

Qu'il me soit permis en terminant de remercier tous ceux dont le concours et les lumières me sont venus en aide au cours de ce travail : MM. Alexandre Dumas, Francis Petit, Ph. Burty, Aglaüs Bouvenne, Maurice Tourneux, Jules Troubat, Léon Sapin, Emile Bergerat, Poulet-Malassis, Dessolliers, Alfred Lebrun; je cite leurs noms au hasard et sans ordre, ma gratitude étant égale pour tous.

4803. — Paris. Imprimerie de Ch. Nôblet, 13, rue Cujas. 1877

PARIS. — IMPRIMERIE DE CH. NOBLET
13, RUE CUJAS. — 1877.

www.ingramcontent.com/pod-product-compliance
Lightning Source LLC
LaVergne TN
LVHW051505090426
835512LV00010B/2345